मेरे एहसास

महावीर प्रसाद शर्मा

क्रम-सूची

Disclaimer — vii

साभार — ix

1. अध्याय 1 — 1

2. अध्याय 2 — 2

Part-1

Part-2

Part-3

Part-4

Part-5

Part-6

Part-7

Part-8

Part-9

Part-10

Part-11

Part-12

Part-13

3. अध्याय 3 — 29

4. अध्याय 4 — 30

5. अध्याय 5 — 31

6. अध्याय 6 — 32

7. अध्याय 7 — 33

8. मावठ — 34

क्रम-सूची

9. अध्याय 9   35

10. अध्याय 10   36

11. अध्याय 11   37

12. अध्याय 12   38

13. अध्याय 13   39

14. घाव   40

15. अध्याय 15   41

16. छत्रपति शिवाजी महाराज   42

17. अध्याय 17   43

18. अध्याय 18   44

19. अध्याय 19   45

20. अध्याय 20   46

21. दुरियां   47

22. अध्याय 22   48

23. अध्याय 23   49

24. अध्याय 24   50

25. अध्याय 25   51

26. घाव   52

27. अध्याय 27   53

28. कसम   54

29. जाने वो कौन होगी...?   55

30. अदाकारी   56

क्रम-सूची

31. कैसी होगी उसकी आकृति?   57

32. अध्याय 32   58

Disclaimer

यह यह काव्य संग्रह काल्पनिक है । इसमें दिए गए लेखों का भाव किसी विशेष व्यक्ति या व्यक्तित्व को ठेस पहुंचाना नहीं है । मैंने सभी लेखों की साहित्यिक कृति को चुराने से वंचित रखा है । दिए गए लेख अद्वितीय है अगर किसी की कोई कृति मिल जाए तो उसे मात्र एक संयोग कहा जाएगा ।

साभार

यह काव्य संग्रह जीवन में होने वाले उतार-चढ़ाव पर आधारित लिखा गया है। इसमें समाज, परिवार, प्रेम, प्रेरणा आदि पर लिखे हुए लेख हैं । मैंने इसमें अपने भावों को प्रकट करने की कोशिश की है।

ज्वालामुखी सी आग सुलग रही सीने में

आ रहा है मजा जिंदगी तुझे जीने में

है चट्टानों सा फौलादी सीना

किसी के तलवे चाटकर जीना भी क्या जीना

लहरें भी अब तुफान बनेगी

अब कलम कहानी नई गढ़ेगी

दुनिया एक दिन नया इतिहास पढ़ेगी

राह के रोड़े हटाऊंगा

इतिहास नया बनाऊंगा

आईना तुम्हें दिखाऊंगा

चक्रव्यूह को भेदने वाला

अर्जुन बनके आऊंगा

इस संग्रह में मैंने अपने विचारों को सामने लाते हुए समाज, प्रेम, प्रेरणा आदि को दर्शाने की छोटी सी कोशिश की है ।

नैनो के जल से तुम्हारे चरण पखार दूं
चांद सितारों से तुम्हारी नजर उतार दूं
दुनिया की तमाम खुशियां आप पे वार दूं
सारी गलतियां सारे गुनाह कर देना मेरे माफ
मेरी जन्नत मेरी दुनिया हो आप
मेरे लिए तो भगवान है मेरे मां बाप
@the_poetry_of_pankaj

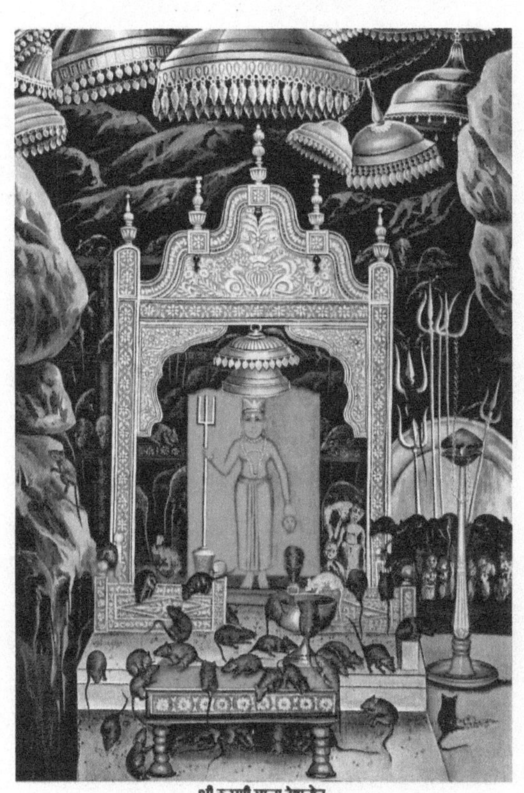

श्री करणी माता देशनोक

जय माँ करणी

अध्याय1

ये एक सुहानी सुबह थी
क्योंकि हम बरसों बाद मिले थे उनसे,
गले की तो बात छोड़िए
हाथ तक ना मिला पाए उनसे,
आंखें नम और लब खामोश थे
कहना तो बहुत था मगर कुछ कह ना पाए उनसे,
यह कैसा बेबस प्यार है ?
तुम मेरी हो ये भी कह ना पाए उनसे,
अब फिर से तकिए गीले और रातें काली होगी
मगर कुछ कह नहीं सकते हम उनसे,

@the-poetry-of-pankaj

- Mahaveer Prasad Sharma

अध्याय2

सोचता हूं ले आऊ तुम्हारे लिए
पायल बिंदी, झुमके, कंगना,
मगर दिल कि ख्वाहिश है
मेरे संग हमेशा तुम ही रहना

@the_poetry_of_pankaj

Mahaveer Prasad Sharma

मैं तारीफ करूं उनकी
तो उनको fake लगता है,
और इक भोला सा दिल है मेरा
जो हर दुआ में सिर्फ उनकी खुशियां मांगता है

@the_poetry_of_pankaj

- Mahaveer Prasad Sharma

Part-1

She

तुम्हारी यादों के सामने
यह जिंदगी बेगानी सी लगती है
मिलना तुम्हारा हमसे
एक कहानी सी लगती है

He

तेरे बिना अधूरी सी कहानी है
कैसे निकलूं सफर पर
बिना हमसफर के
बेगानी सी जिंदगानी है

@the-poetry-of-pankaj

- Mahaveer Prasad Sharma

Part-2

He

इस कहानी को किस्सेदार कौन होगा?
इस सुहाने सफर का हिस्सेदार कौन होगा?
जिंदगी तो हमारी भी बेगानी सी है,
पर जो कर सके दिलों पर राज,
जाने वो दिलदार कौन होगा ?

He

यूं दिल्लगी हर किसी से लगाई नहीं जाती,
और जिस पर दिल आ जाए,
यहीं बात उससे बताई नहीं जाती

@the-poetry-of-pankaj

- Mahaveer Prasad Sharma

Part-3

He

एक तो यह बारिश का मौसम
और ऊपर से तेरी यादें

She

मगर क्या करें
आज भी है हम
आधे के आधे

Mahaveer Prasad Sharma

Part-4

He

बिन तेरे हम हैं अधूरे
मिल जाओ तुम
तो शायद हम हो जाए पूरे
और साथ में बैठ के खाएं कुरकुरे
कभी तो जवाब दिया करो स्टेटस पर हमारे

She

कुरकुरे तो साथ में बैठ कर खा लेंगे
मगर हो नहीं सकते हम तुम्हारे
इसलिए ही तो जवाब नहीं देते
स्टेटस पर तुम्हारे...

@the_poetry-of-pankaj

- Mahaveer Prasad Sharma

Part-5

He

किसी का होना या ना होना तो ऊपर वाले का खेल है
यह तो दो दिलों का मेल है
और कौन कहता है आप हो नहीं सकते हमारे ?
पहले हमारी तरफ कुछ कदम तो बढ़े तुम्हारे

he

लगता है वो हमारी यादों में खो गए
सुनहरे सपने देखते-देखते सो गए
उनका तो पता नहीं
पर हम सच में उनके हो गए

She

Study कर रही हूँ

@the-poetry-of-pankaj

- - Mahaveer Prasad Sharma

Part-6

She

जबसे सपना यूपीएससी का देखा है
दिल में चैन नहीं
आंखों में नींद नहीं
अगर मिल गया तो खुशियां
नहीं मिला तो मेरे जीने का सार नहीं

He

आपके पूरे होंगे सपने
हम भी है आपके अपने
दिल में थोड़ी सी जगह दीजिए
यूपीएससी की तैयारी भले ही कीजिए

@the_poetry_of_pankaj

Mahaveer Prasad Sharma

Part-7

She

अब क्या बताएं शर्मा जी तुम्हें
कृश है और जुनून इश्क को पाना है हमारा
अब क्या करें इसके सामने
कोई नजर ही नहीं आता पहले या दोबारा

He

कोई तो कृश हमारा भी है
हम भी कहते हैं उसके दिल में रहना
वो यूपीएससी की तैयारी भले ही करती रहे
मगर फर्ज है उसका
हमारे दिल के जज्बात समझना

@the_poetry-of-pankaj

Mahaveer Prasad Sharma

Part-8

She

हम हो चुके किसी के
नहीं चाहते आपके जज्बातों से खेलना
वरना ! नादान हम भी नहीं
समझते हैं हर परिस्थिति झेलना

He

समझते हम भी हैं हर परिस्थिति को
एक तरफा ही सही मगर प्यार हम भी करते हैं
थोड़ा समझो हमारे मन: स्थिति को
जाने क्यूं हम आपके दूर होने से भी डरते हैं...

@the_poetry-of-pankaj

- Mahaveer Prasad Sharma

Part-9

She

एक बात तो है शर्मा जी
वाद-विवाद प्रतियोगिता होनी चाहिए
पोएट्री में
गुड नाइट कल बात करते हैं

He

मैं तो मेरा दिल ही हार गया
और आप वाद-विवाद की बात कर रहे हो
अभी तो बातें शुरू ही हुई है
और आप गुड नाइट कह रहे हो...

@the-poetry-of-pankaj

- Mahaveer Prasad Sharma

Part-10

He

कोई भी नहीं है जिसे प्यार कर सकू
बालों में लगा के गजरा संवार सकू
बैठ के साथ जिसके
प्यार से चॉकलेट खा सकू

She

बालों में गजरा नहीं
मगर चॉकलेट तो बांट ही सकते हो
प्यार का रिश्ता नहीं
मगर दोस्ती का तो निभा ही सकते हो

@the-poetry-of-pankaj

Mahaveer Prasad Sharma

Part-11

He

दोस्त तो मिले जमाने में हजार
मगर वो नहीं मिली जो करे मुझसे प्यार
मैं तो हूं कब से बेकरार
बोलो क्या तुम हो तैयार ?

She

प्यार तो दिल से होता है
और वहीं हमारे पास नहीं
अब वह किसी और का है
जिस पर हमें अधिकार नहीं

- Mahaveer Prasad Sharma

Part-12

He

दिल तो हमारे पास भी एक ही था
जिसे तुमने चुरा लिया
यह दिल आज तक आया ही नहीं किसी पर
मगर तुम्हारी अदाओं ने इसे हरा दिया

She

समझो मेरे जज्बात
मैं नहीं कर सकती तुमसे प्यार भरी बात

@the_poetry-of-pankaj

Mahaveer Prasad Sharma

Part-13

He

माना उनके दिल पर हमारा अधिकार नहीं
मगर वो तो बात करने को भी तैयार नहीं
हम तो कब के दिल दे चुके हैं
मगर उन्हें हमसे प्यार नहीं

He

प्यार का पैगाम वो समझ ना सके
दिल का दर्द वो जान ना सके
पहली बार प्यार का इजहार किया है
मगर वो इस दिल की दिल्लगी पहचान ना सके...

@the-poetry-of-pankaj

Mahaveer Prasad Sharma

अध्याय3

ये कैसी विडंबना देश की
ये क्या बात हुई आवेश की,
हो जाता अगर कुछ प्रधानमंत्री जी को
तो तुम्हारी ईंट से ईंट बज जाती,
पंजाब की पावन धरा पर
मानवता मर जाती,
है शेर दिल वो मां भारती का लाल है
मोदी जी के लिए दुआ करता हिन्दुस्तान है,
मौत के मुंह में जाकर भी शुक्रिया कह दिया
इतनी बड़ी साज़िश तक भुला दिया,
और सुनो गद्दारों ऐसी ओछी हरकत से,
तुमने आज देशवासियों को जगा दिया,
मोदी जी को फिर से सबने मन में बसा लिया,
एक बार गौर से देखो अपनी शक्ल
तुम भुल गये कीचड़ में ही खिलता है कमल ।
स्वरचित:महावीर प्रसाद शर्मा
@the-poetry-of-pankaj

- Mahaveer Prasad Sharma

अध्याय4

क्या गजब की है मुस्कान तेरी
कातिल नयन कजरारे,
ऐसी क्या जुल्फें छिड़की ?
कि होश उड़ा दिए हमारे !
रिप्लाई आएगा शायद मैसेज का
इंतजार में बैठे हैं तुम्हारे... ॐ
@the_poetry_of_pankaj

Mahaveer Prasad Sharma

वक्त बहुत कम है मेरे पास
जो भी फैसला हो खुलकर कहिए,
कभी हाँ कभी ना कहकर
कनफ्युज मत करिए...!!

@the-poetry-of-pankaj

- Mahaveer Prasad Sharma

अध्याय5

चांदनी रात और तारों का पहरा है,
तेरा तो पता नहीं
मगर रिश्ता मेरी तरफ से गहरा है,
चकोर आएगी मिलने शायद
इंतजार में चांद अभी तक ठहरा है,
और आ जाएं कोई चंचल हिरणी
इसलिए अभी तक सुना सहरा है,
मिट जाये शायद तमस मन का मेरा
महावीर ढुंढता एक ज़हरा है,
ना जाने कितने व्यापारी बैठे हैं जहां में
मगर मेरे लिए तु अनमोल कहरा है।

@the-poetry-of-pankaj

Mahaveer Prasad Sharma

अध्याय6

सामान अपना समेट लिया है
ना करो कोई ग़म
तुने हमें छोड़ दिया
तेरे शहर को जल्दी छोड़ देंगे हम

@the_poetry-of-pankaj

Mahaveer Prasad Sharma *

अध्याय7

मेरे लिए उस खुदा की इबादत हो तुम,
क्षणभंगुर दुनिया में निहायत हो तुम,
मंजिल के मुकाम के लिए हिदायत हो तुम, के
गर लड़खड़ा जाऊं कभी तो
खुदा की इनायत हो तुम, दिल को ठोकर ना मारो
क्या दुनिया की रवायत हो तुम ?
टूट कर बिखर रही जिंदगी में
कवायत हो तुम,
वक्त की चला गया तो
नदामत करोगे तुम,

@the-poetry-of-pankaj

- Mahaveer Prasad Sharma

8. मावठ

बह रही शीतल हवा
लग रही अत्यधिक ठंड,
ऊपर से बुंदे पड़ती
उसी जोर से सर्दी लगती,
मुझे अचंभा ! हुआ
चारों ओर कीचड़ ही कीचड़ हुआ
अलाव से भी निकला धुंआ
मैंने कहा ये सर्दी में भी बारिश कैसी?
तभी एक बुजुर्ग ने कहा
बेटा ये तो मावठ है
होने वाले जमाने की अच्छी सूचक है।

स्वरचित: महावीर प्रसाद शर्मा
@the-poetry-of-pankaj

- Mahaveer Prasad Sharma

अध्याय9

रोज तुम्हें देखने भर को जी करता है,
पता है तुम हमारे हो ही नहीं सकते,
फिर भी ये दिल तुम्हें खोने से डरता है ?

@the-poetry-of-pankaj
Mahaveer Prasad Sharma

प्यास लगी है धड़कनों को
मगर कोई पिलाने वाला नहीं
भूख लगी है जोर की
मगर कोई खिलाने वाला नहीं,
या खुदा बिछड़े है वर्षों से
मगर कोई मिलाने वाला नहीं,

@the-poetry-of-pankaj
Mahaveer Prasad Sharma

अध्याय10

बचपन बित्यो खैलां मॅं,

जवानी बिती रैलां मॅं,

जानु पटगी गैला मैं,

वा दिल तोड़गी मन्न छोड़गी,

अब रोतो रात अकेला मॅं,

एकलो ही चोखो छो...

पड़ग्यो कस्या झमेला मॅं,

नौकरी की तैयारी करतो-करतो,

ड्यूटी करूं अब तबेला मॅं,

Ac वाळा बंगला का सपना देखतो,

रैथो अब वीरान कबीला मॅं।।

स्वरचित: महावीर प्रसाद शर्मा
@the-poetry-of-pankaj

Mahaveer Prasad Sharma

अध्याय11

गुलाब,मोगरी तो घणी देख्या,
पण म्हानै दिखी एक चमेली,

बीन्न देख कर ख्याल आयो
म्हारी बिनणी बणसी या नई नवेली,

पण मन्ने कांई पतो या attitude दिखासी,
और पट ज्याली इकी सहेली,

भगवान की दया स्यूं दो टाबरां को बाप हूँ,
और वा आज भी घुम रही अकेली।

@the-poetry-of-pankaj

- Mahaveer Prasad Sharma

अध्याय12

उसका चेहरा जैसे फूल गुड़हल का
शादी किसी और से हो गई उसकी
मगर बच्चा मेरी शक्ल का

@the-poetry-of-pankaj
- Mahaveer Prasad Sharma -

आईने में तुम्हारा अक्स देखकर ही,
हमें याद कर लिया करो,
दीदार तुम्हारा पाने को घुमते है तुम्हारी गलियों में
हमारा हाथ ही थाम लिया करो

@the_poetry_of_pankaj
Mahaveer Prasad Sharma

अध्याय13

रास्ते बहुत है आप तक पहुंचने के
मगर अलग ही मजा है,आपका इंतजार करने में

@the-poetry-of-pankaj
Mahaveer Prasad Sharma

किसी के पीछे पड़ना,
किसी को बेवजह तंग करना,
झुठे वादे-कसमें खाना,
ये प्यार नहीं धोखा है,
इससे अच्छा तो जहर खाके मर जाना,

प्यार तो पवित्र पुजा है,
एक रुठ भी जाये तो मनाता दुआ है,
ना कोई उलझन,
ना फरेबी मन,
बस दिल करता उसकी सलामती की हुआ है।

@the_poetry_of_pankaj
- Mahaveer Prasad Sharma

14. घाव

बारिश में शहर के पुलिये बनकर छत्ता कर देते छांव,
तपती धूप में भी चलता है वो नंगे पाँव,
ये जालिम सर्दी कंपाती है उसके बदन को,
जब होती है तारों की छाँव,
इन गहन सनाट्टों की आवाजें,
लगती है उसको काँव,
वो रोज खेलता अपने जीवन में,
एक नया ही दाँव,
सच पूछो तो यारों बहुत गहरा होता है,
ये गरीबी का घाव ॥

स्वरचित:महावीर प्रसाद शर्मा
@the-poetry-of-pankaj
- Mahaveer Prasad Sharma

अध्याय15

तुम्हारे जैसा कोई मिला ही नहीं
पर सच तो ये है
कि मिले तुम भी नहीं ...

@the-poetry-of-pankaj
- Mahaveer Prasad Sharma

दिल में है बस एक छोटी सी ख्वाहिश
अब तो तुम भी मिलने आ जाओ
आ गया साल 2022

@the-poetry-of-pankaj
- Mahaveer Prasad Sharma

16. छत्रपति शिवाजी महाराज

चमक सूर्य सी जिसकी

सागर सा हृदय विशाल

स्वराज का देखा सपना

भगवा बना पहचान

जय भवानी का लगा के नारा

मिटाने लगा शत्रु का नामोनिशान

ज्वालामुखी सा क्रोध जिसमें

पहाड़ जैसी काया

बना छत्रपति वो वीर मराठा

थी माँ तुलजा भवानी की छाया

ऐसा खेल रचाया रण में

दुश्मनों पर कहर गजब बरपाया

थे वो वीर शिरोमणि शिवाजी महाराज

जिन्होने हिन्द से सिन्ध तक

भगवा लहराया ।।

अध्याय17

खुशी के मारे सारी रात कट गई आँखो में,
उनसे मिलने के ख्वाबों, ख्यालों में
दिल कितना बैचेन है मिलने को
आखिर कैसे बताऊं तुम्हें ?
क्योंकि आज उनसे मिलना है हमें।

@the-poetry-of-pankaj
- - Mahaveer Prasad Sharma

अध्याय18

मैं तेरी मस्जिद में इबादत करूं,
तू मेरे मंदिर में पूजा करें।

हिंदू-मुस्लिम तो बहुत बनें
आओ हम इंसान बनें।

स्वरचित:
महावीर प्रसाद शर्मा
@the-poetry-of-pankaj

अध्याय19

तुम चंचल हिरण सी घुमती हो कानन-कुंजन,
तुम्हारी चमक के आगे फिका है कुंदन,
तुम तितली सी प्यारी मैं भंवरे की गुंजन,
तुम वो खुबसूरती हो जमाने भर की,
जिसका मैं रोज करता हूँ वंदन,
दिल से करता हूँ तुम्हारा अभिनंदन,
पता नहीं कि मैं काबिल हूँ तुम्हारे,
मगर मैं आज भी तुम्हारा इंतज़ार करता हूँ
जैसे हिरण कस्तुरी ढुंढता कानन-कुंजन।
मेरी आराधना का तुम ही हो पुजन,
तुम्हारी तस्वीर बनी है दिल पर गहन,
जैसे कोई निशान बना हो सघन,
तुम बिन चित सुना सा है,
जैसे बरसों से बंद पड़ा हो सदन,
मगर मैं आज भी तुम्हारा इंतज़ार करता हूँ
जैसे हिरण कस्तुरी ढुंढता कानन-कुंजन ।।

स्वरचित: महावीर प्रसाद शर्मा
@the_poetry_of_pankaj

अध्याय20

तुम्हारी जेब में अगर पैसा ना हो,
तो दुनिया तुम्हें भिखारी समझेगी,
और देख कर पैसा जेब में,
दुनिया गैरों से भी रिश्ते निभा लेगी।

@the-poetry-of-pankaj
Mahaveer Prasad Sharma

21. दुरियां

कभी-कभी नजदीकियां भी
यूँ खामोश करा देती है लबों को,
कि मिटती नहीं है दूरियां,
और खुशियां रास नहीं आती गमों को।

इब्तिदा की हमनें प्यार की
इल्तिज़ा की खुदा की चौखट पर,
कैफियत सुनकर उनकी दिल खुश हुआ,
अब गले में पहना हूँ उनका दिया लॉकेट।

मलमली से जिस्म पर आ रही है अब सिलवटें,
जैसे ढ़ीली पड़ी है डोरियां,
अब तो करीब आ जाओ
ना बढ़ाओ दूरियां।

महावीर प्रसाद शर्मा
@the-poetry-of-pankaj

अध्याय22

जब मेरे को other cast में प्यार हो गया
तो लड़की के पापा ने कहा:
मैं नहीं मानता ऐसे प्यार को
तुम क्या तुम्हारी जात क्या ?

मैंने कहा:
तुम जैसी छोटी सोच वाले समझ नहीं सकते प्यार को,
तुम क्या तुम्हारी औकात क्या ?

उसके पापा ने कहा:
तु जायेगा या खायेगा लात,

मैंने कहा:
तो मैं भी कह आया,
चाहे जितने जतन करो,
सुनो मेरी बात,
दुल्हन तो जायेगी दूल्हे राजा के साथ।

@the-poetry-of-pankaj
- Mahaveer Prasad Sharma

अध्याय23

हिचकियों से शिकायत कैसी ?
जब दूर होने का फैसला हमारा था,
एक बार तुम रोक सकते थे हाथ पकड़ कर मेरा,
मगर दिल का ना मंजूर ये फैसला तुम्हारा था।

@the_poetry_of_pankaj
Mahaveer Prasad Sharma

अध्याय24

आसमान में बादल छाए थे धूल से,
रक्तरंजित हो रही थी धरती भी आज वीरों के खून से
चेतक भी आ पहुंचा मैदान में,
राणा ने चढ़ाया तीर कमान पे,
जब राणा का भाला बोला था,
अकबर का राज सिंहासन डोला था,
जब मेवाड़ी वीरों का खून खोला था,
राणा का स्वाभिमान,
अकबर ने आधे राजपाट से तोला था,
महाराणा से जीतने के,
अकबर ने हर प्रयास कर डाले थे,
उनके पास बारूदी बंदूकें थी,
मेवाड़ी वीरों के पास तीर कमान और भाले थे,
युद्ध क्षेत्र में जिस तरफ राणा घूम गए, ,
समझो शत्रुओं की लाशों के ढेर कर डाले थे,
आखिर धरती मां ने अपना लाल खोया,
मौत के जिसके अकबर तक भी रोया,
वो हिंदुवा सूरज महाराणा कहलाया,
जो स्वाधीनता की अलख जगाया।।
स्वरचित: महावीर प्रसाद शर्मा
@the-poetry-of-pankaj

अध्याय25

किरदार उसका मुझको इस कदर भा गया,
सुरूर उसका मुझ पर कुछ यूं छा गया,
यूं तो यह दिल फिसलता नहीं किसी पर
फिर ना जाने क्यों यह उस पर आ गया...

@the-poetry-of-pankaj
- Mahaveer Prasad Sharma

कोई तो हो, जिससे बातें बे-हिसाब हो
मेरे लिए वो जिंदगी की किताब हो,
यूं तो कमी नहीं किसी चीज की,
पर मेरे लिए बस वो ही निसाब हो।

@the_poetry_of_pankaj
Mahaveer Prasad Sharma

26. घाव

बारिश में शहर के पुलिये बनकर छत्ता कर देते छांव,
तपती धूप में भी चलता है वो नंगे पाँव,
ये जालिम सर्दी कंपाती है उसके बदन को,
जब होती है तारों की छाँव,
इन गहन सनाट्टों की आवाजें,
लगती है उसको काँव,
वो रोज खेलता अपने जीवन में,
एक नया ही दाँव,
सच पूछो तो यारों बहुत गहरा होता है,
ये गरीबी का घाव ॥

स्वरचित:महावीर प्रसाद शर्मा
@the-poetry-of-pankaj

अध्याय27

सर्द मौसम में बादलों का कहर है,
चल रही हवा भी कतई ज़हर है।

होने को चली दोपहर है,
मगर धुंध के आगोश में डूबा तेरा शहर है,

ना जाने और कितनी ठंड पड़ेगी,
गुजारा अभी बस एक पहर है।

मावठ भी ऐसी बरसी
की जम से गये बहर है।

ना जाने कब दिखेगा सूरज गगन में,
महावीर की उसको टुंटती नज़र है ।
स्वरचित: महावीर प्रसाद शर्मा
@the_poetry_of_pankaj

28. कसम

मैं माझी हूं दरिया का
मेरे रहबर हो तुम,
पतवारे मेरी खे दो तुम
ना लगाओ महवर तुम,
तुम्हारा चित्त है खसम,
मगर मेरे दिल की धड़कन हो तुम,
सच कहता हूं , लगे मुझे जिसकी कसम
फैलाकर किरण प्रकाश की
मिटा दो जीवन के तम,
उबड़ खाबड़ से जीवन को
कर दो ना तुम सम,
कमजोर हो चुके मुझमें
भर दो ना दम,
मेरे दिल की धड़कन हो तुम,
सच कहता हूं लगे मुझे जिसकी कसम
महावीर प्रसाद शर्मा
@the_poetry-of-pankaj

29. जाने वो कौन होगी...?

Life में गर्लफ्रेंड की कमी थी, है, और रहेगी,
जाने वो कौन होगी?
जिसके साथ मेरी जोड़ी जमेगी,
जाने वो कौन होगी?
जो अपने दिल के लफ्ज़ मुझे कहेगी,
जाने वो कौन होगी?
जो मेरे दिल में रहेगी,
जाने वो कौन होगी?
जो मेरी बातों पर हंसेगी,
जाने वो कौन होगी?
जो मेरे मन मंदिर में बसेगी,
जाने वो कौन होगी?
जो कभी मेरे कॉल का इंतजार करेगी,
जाने वह कौन होगी?
जो मुझ पागल पर मरेगी,
जाने वो कौन होगी?
जो मुझ पर अपना दिल हारेगी...!!
स्वरचित:महावीर प्रसाद शर्मा "पंकज नमुकिया"
@the_poetry_of_pankaj

30. अदाकारी

कोई भूखा सोता है,
तो कोई करे तेरे छप्पन भोग की तैयारी,
लाचारों की कोई सुनता नहीं,
और मस्जिदों में अजान लगाते भारी,
दीन दुखियों की कोई सेवा करे नहीं,
और दिखावा करे दुनिया सारी,
सच्चे रिश्ते कोई निभाता नहीं,
झूठे रिश्ते दिखाने की करते कलाकारी,
छल-कपट से भरे इस जग में,
है तरह-तरह के फनकारी,
सारे जगत का खेल निराला गजब तेरी जादूगारी
वाह रे ! ईश्वर अजब है तेरी अदाकारी।

स्वरचित: महावीर प्रसाद शर्मा
@the-poetry-of-pankaj

31. कैसी होगी उसकी आकृति?

जहाँ तक जाती है मेरी दृष्टि,
उससे भी आगे तक फैली है मेरी सृष्टि,
दिल का दामन थाम लो,
ना जाने कब आ जाएं मन में कोई विकृति,
दिल अभी ढल रहा है,
जैसे ढाल रही प्रकृति,
धन्य हो जाऊंगा उस दिन मैं भी,
जब साकार होगी मेरी कृति,
अभी बस इतना सोच रहा हूँ,
कैसी होगी उसकी आकृति ?

स्वरचित: महावीर प्रसाद शर्मा
@the_poetry_of_pankaj

अध्याय32

रंग-बिरंगी तितलियां उड़ रही

फूलों से खुशबू आ रही है भीनी-भीनी

एक तमन्ना जीवन की

मुझ अल्हड़ की बन जाओ तुम संगिनी

मुझ अल्हड़ की बन जाओ तुम संगिनी

ख्वाब जो देखे थे वो अधुरे से लगते हैं

ख़्याल मेरे सपनों में तुम्हारे पलते है

दम घुटता है मेरा प्यार के झंझावातों से

बरसा दो तुम प्यार की बदलिया छिनी-छिनी

कड़वा सा है जीवन मेरा

घोल दो इसमें मिठास तुम्हारी

ज्यूं फिकी चाय में मिलाते चीनी

एक तमन्ना जीवन की

मुझ अल्हड़ की बन जाओ तुम संगिनी

- Mahaveer Prasad Sharma